GAGNER EN CONCENTRATION

Techniques et astuces pour optimiser ses performances et réduire les pertes d'attention

Par Maïlys Charlier

50MINUTES.fr

GAGNER EN CONCENTRATION ?

- **Problématique ?** Comment apprendre à reconnaître ses troubles de l'attention et gérer sa concentration pour optimiser sa manière de travailler ?
- **Utilité ?** Pouvoir focaliser son attention sur ses tâches permet d'économiser du temps de travail et donc de gagner en efficacité.
- **Contexte professionnel ?** Travail en équipe, développement personnel et professionnel, habitudes de travail, mémorisation.
- **FAQ ?**
  - Quels facteurs sont à l'origine de mon problème de concentration ?
  - Quelles sont les conséquences directes d'une mauvaise concentration au travail ?
  - Comment savoir si je souffre d'un désordre neurologique ou si j'ai de simples problèmes de concentration ?
  - Quelles attitudes adopter afin d'améliorer ma concentration sur le long terme ?

- <u>Puis-je traiter mes problèmes d'attention grâce à la médication ?</u>
- <u>La musique peut-elle m'aider à me concentrer ?</u>

> « Au travail, j'éprouve souvent des difficultés à remplir des tâches monotones et répétitives, car je n'arrive pas à me concentrer. J'ai également du mal à rester attentif lors des réunions, j'oublie alors de prendre note des instructions données par mon supérieur. Ces troubles de l'attention sont pour moi une source constante d'anxiété. » (Albert, employé du secteur de l'informatique et des télécommunications)

Que vous souffriez ou non d'un véritable Trouble Déficitaire de l'Attention avec ou sans Hyperactivité (TDA/H), la difficulté à se concentrer peut devenir un véritable fardeau dans votre vie professionnelle. D'autant qu'aujourd'hui, les distractions sont nombreuses (un coup de fatigue ou de stress, un collègue envahissant, le téléphone qui sonne sans cesse, les réseaux sociaux, les publicités, etc.) et il devient de plus en plus ardu de rester longtemps concentré. Outre les technologies 2.0 et la culture hyperactive de notre société, il existe également des perturbateurs naturels : un manque de sommeil, une mauvaise alimentation, un manque d'oxygène, le bruit, etc. Pourtant, il apparaît indispensable de pouvoir canaliser ses pensées au travail afin d'être productif et de ne pas dépenser d'énergie inutilement.

En quoi consiste la concentration ? Pourquoi rencontrons-nous des difficultés à nous concentrer ? Et surtout, comment ne plus se laisser distraire au quotidien ? Car oui, la concentration est comme un muscle que l'on peut entraîner grâce à plusieurs exercices. En 50 minutes, ce livret vous propose de partir à la découverte des secrets de l'attention afin de pallier vos déficits et de gagner en concentration.

B.A.-BA DU CHAMPION DE LA CONCENTRATION

COMMENT FONCTIONNE LA CONCENTRATION ?

Mobiliser son attention pour se concentrer

Les termes « attention » et « concentration » ont tendance à être souvent confondus. Pourtant, si ces deux concepts sont fortement liés, ils définissent en réalité des actions bien différentes. Dans son ouvrage *The Principles of Psychology* (1890), William James (psychologue américain, considéré comme le fondateur de la discipline aux États-Unis, 1842-1910) explique que « l'attention est la prise de possession par l'esprit, sous une forme claire et vive, d'un objet ou d'une suite de pensées parmi plusieurs qui semblent possibles [...] Elle implique le retrait de certains objets afin de traiter plus efficacement les autres. » Dans *Embracing Your Potential*, Terry Orlick, professeur à l'université d'Ottawa, décrit la concentration comme « le rétrécissement de l'attention sur un aspect particulier et le maintien de celle-ci ». Ces deux processus s'avèrent donc complémentaires : alors que celui de l'attention ouvre l'esprit à l'environnement et contrôle l'entrée des informations, celui de la concentration le ferme à toutes distractions. Ainsi, lorsque vous n'êtes pas pleinement concentré, votre esprit est attentif à plusieurs éléments.

D'après le chercheur américain Robert Nideffer, l'attention comporte deux dimensions, qui déterminent chez chacun une capacité d'attention différente, un « style attentionnel » qu'il est important de repérer :

- l'étendue (plus la focalisation est large, plus vous êtes attentif à un grand nombre d'informations) ;
- la direction (si la focalisation est interne, l'esprit est centré sur lui-même ; si elle est externe, il sera plus réceptif aux signaux de l'environnement).

Par ailleurs, le système attentionnel est constitué de quatre positions, exploitées à des degrés divers selon les individus :

- **l'alerte.** Lorsque le sujet est en état d'alerte, son attention est mobilisée de manière intensive sur une consigne ou un signal en particulier ;
- **l'attention sélective.** Le sujet sélectionne un élément et porte toute sa concentration sur ce dernier afin de l'étudier de façon approfondie ;
- **l'attention divisée.** Le sujet traite deux ou plusieurs informations en même temps ;
- **l'attention soutenue.** Le sujet maintient sa concentration pendant une durée d'au moins 15 minutes dans des situations où le flux d'informations est plus rapide.

Certaines personnes éprouveront des difficultés à se concentrer sur plusieurs tâches en même temps tandis que d'autres ne parviendront pas à se focaliser sur une seule. Selon Cécile Galand, neuropsychologue au centre de thérapies Amimo, les individus dont l'attention divisée est fortement développée sont tout à fait capables de se concentrer sur deux tâches simultanément, pour autant que leur traitement soit devenu routinier et ne nécessite plus la mobilisation de toutes les ressources attentionnelles conscientes.

Maîtriser son attention est un préalable incontournable au processus de concentration : lorsque l'on doit se focaliser sur une tâche bien précise, le cerveau doit décider de porter son attention sur une seule et même activité, et empêcher toute distraction. Se concentrer entraîne donc une double action.

Les facteurs de déconcentration

Dans la société hyperactive actuelle, dominée par la technologie et la culture du zapping, le cerveau est habitué à changer rapidement d'activité. Publicités, écrans, télévisions, Smartphones, ordinateurs, etc., le nombre d'images et d'informations s'accumule devant les rétines sans laisser le temps à l'esprit de se reposer. Dès lors, face à cette surstimulation, il s'avère parfois difficile de maintenir le rythme sur le long terme, ce qui provoque des problèmes de concentration. Outre la technologie, les facteurs de déconcentration sont nombreux : ennui, interruption d'un collègue, bruit dans le bureau, fringale, etc. De plus, les émotions fortes comme la colère, l'amour ou le chagrin influencent également la capacité à se concentrer.

> « La technologie 2.0 est tellement récente et évolue tellement vite qu'il n'existe pas encore d'études à long terme. Il est donc impossible de dire, à l'heure actuelle, si cette technologie a un impact permanent sur notre cerveau et nos capacités de concentration. » (Cécile Galand, neuropsychologue)

Le TDA/H

Tout le monde peut connaître des problèmes de déconcentration de manière occasionnelle. En revanche une personne souffrant de Trouble Déficitaire de l'Attention avec ou sans Hyperactivité (TDA/H) souffre constamment dedifficultés d'attention et de concentration, ce qui a un impact – négatif – sur sa qualité de vie.

D'origine neurologique, le TDA/H est défini comme un trouble chronique qui affecte la « capacité à contrôler son degré d'attention, d'impulsivité et d'hyperactivité » (Walker (Linda), « Les signes et symptômes du TDAH chez l'adulte », in *TDAH Adulte*, consulté le 27 août 2015). Une personne qui en souffre possède un système attentionnel défectueux, c'est-à-dire que son alerte, son attention sélective, son attention divisée ou son attention soutenue ne fonctionne pas correctement.

Par ailleurs, l'adulte diagnostiqué TDAH peut faire montre d'hyperactivité motrice, éprouvant des difficultés à rester assis et immobile, ou d'hyperactivité cognitive. Dans ce dernier cas, il aura du mal à rester concentré sur une pensée à la fois, passant sans arrêt d'une idée à l'autre. Cette hyperactivité peut devenir un véritable handicap pour ceux qui la subissent, puisqu'ils doivent réaliser un effort considérable pour éviter de se disperser, sans pour autant y parvenir à chaque fois. Il est donc primordial d'effectuer des tests chez un psychologue si vos troubles de l'attention deviennent récurrents, afin d'agir en conséquence.

En revanche, si une personne atteinte de ce trouble subit de graves dysfonctionnements attentionnels, elle est aussi capable d'hyper-concentration lorsqu'elle exerce une activité qui stimule son intérêt. Cette faculté, positive de prime abord, présente également des côtés négatifs, car en se focalisant à l'extrême, l'individu peut ruminer une idée en boucle dans son esprit. Cette obsession devient alors polluante et l'empêche de travailler à 100 % sur une autre tâche.

TRAITEMENTS

Il existe des traitements médicamenteux pour soigner les personnes atteintes de TDA/H. Ceux-ci comblent principalement le manque de dopamine. Ces psychostimulants (Ritaline, Concerta, Adderall, etc.) ne permettent pas de soigner définitivement le mal, mais agissent sur les symptômes, et facilite la vie de l'individu. D'autres méthodes, comme les médecines douces (homéopathie, régimes alimentaires, ostéopathie, etc.), sont fréquemment employées en vue de soulager ce trouble.

LES RÈGLES DE BASE POUR GAGNER EN CONCENTRATION

Une vie équilibrée

Commencez par adopter une hygiène de vie saine : dormez minimum sept heures par nuit, variez votre alimentation, buvez un litre et demi d'eau par jour et pratiquez au moins deux heures d'activité physique par semaine (marche, vélo, course, etc.). Si le sport ne suffit pas ou que vous n'êtes pas sportif(ve) pour un sou, tournez-vous vers des pratiques plus douces comme le yoga, le Pilates, le tai-chi ou la méditation, qui vous aideront à vous sentir plus zen et à améliorer votre self-control. De plus, lorsque vous sentez votre esprit partir à la dérive, travaillez votre respiration : en apprenant à mieux respirer, vous pourrez plus facilement faire le vide dans votre esprit afin de vous reconcentrer.

LES BOISSONS À ÉVITER

Si le café a un effet stimulant, il augmente aussi l'anxiété et l'agitation. Consommée en excès, la caféine est donc néfaste à la concentration. De la même manière, évitez de boire trop de thé noir puisqu'il contient également de la caféine. Enfin, l'excès d'alcool rend difficile toute concentration : abstenez-vous des soirées trop arrosées la veille d'une grosse réunion.

Une alimentation saine

Votre régime alimentaire joue un rôle essentiel sur votre capacité à vous concentrer. En effet, de nombreux nutriments interviennent dans votre fonctionnement cérébral, comme :

- **les oméga-3,** qui sollicitent la mémoire et favorisent la circulation sanguine. Ils se trouvent notamment dans les poissons, l'huile de colza, le foie de morue ou les fruits à coques ;
- **la taurine et le magnésium,** qui donnent de l'énergie et stimulent votre corps en période de grosse fatigue. Consommez des fruits de mer, tels que des noix de Saint-Jacques, ainsi que de la viande pour la taurine. Les légumes verts, les céréales complètes, le miel, le chocolat noir et les eaux minérales vous feront le plein de magnésium ;

- **les vitamines B,** qui veillent au bon fonctionnement du système nerveux et de la circulation sanguine en irriguant correctement le cerveau. Privilégiez les légumes secs, les céréales complètes et les légumes à feuilles vert foncé (épinards, asperges, brocoli, salades, etc.) ;
- **certaines plantes particulières,** qui améliorent également la mémoire et la concentration, tels le ginkgo biloba, le curcuma et le ginseng.

Un environnement de travail adapté

Si vous souffrez de problèmes de concentration, le moindre élément peut venir perturber votre attention. Ainsi, si votre espace de travail croule sous de nombreux objets, tels que des feuilles, des notes, des stylos ou tout autre matériel, votre regard sera alors inévitablement attiré par toutes ces distractions. Pensez à ranger votre bureau avant de vous lancer dans une tâche qui vous demandera une grande concentration et débarrassez-vous de tout élément susceptible de retenir votre attention : éteignez votre ordinateur si vous n'en avez pas l'utilité, fermez votre porte de bureau afin de montrer votre indisponibilité, etc.

Votre espace de travail est le reflet de votre esprit, tâchez de l'organiser afin de créer un endroit calme et propice à la concentration.

PAUSE-CAFÉ

Le temps de concentration varie selon les individus mais, quel que soit votre capacité d'attention, au bout d'un laps de temps, votre esprit s'évade, votre cerveau se fatigue, votre concentration diminue, et vous êtes facilement distrait. Inutile de vous acharner : une fois perdue, rebrancher sa concentration devient quasiment impossible. D'où l'importance de vous accorder des pauses afin de mieux replonger dans votre dossier ensuite. Préparez-vous un café (attention à en boire modérément) ou un thé, discutez avec un collègue, dégourdissez-vous les jambes, etc. Vous n'êtes ni une machine ni un surhomme ou une surfemme : autorisez-vous quelques minutes de distraction afin de reposer votre cerveau.

Les bienfaits de la musique

La musique peut faciliter votre capacité à vous concentrer en vous coupant des éléments perturbateurs. Choisissez votre style musical avec soin, car votre état émotionnel variera en fonction de ce dernier. Avec de la musique classique ou des chansons à tempo lent, il vous sera plus facile de vous concentrer. Évitez les chansons rythmées ou celles dont vous connaissez les paroles par cœur, car votre esprit se focalisera sur ce qu'il entend, et non sur qu'il doit réaliser. Selon diverses études, écouter du classique améliorerait la concentration, la mémoire et la perception spatiale.

Par ailleurs, vous pouvez utiliser la musique pour vous reconcentrer après une période de distraction, en tentant d'isoler les instruments les uns des autres. Portez votre attention sur la guitare, puis sur la batterie, et enfin sur la basse, dans l'objectif de les dissocier complètement de l'ensemble musical. Cet entraînement vous aidera à focaliser votre attention sur des éléments précis dans votre travail. Idéalement, écoutez votre musique avec un casque ou avec des écouteurs afin de créer votre bulle. Cependant, selon Cécile

Galand, si vous souffrez de troubles de l'attention divisée (c'est-à-dire si vous éprouvez des difficultés à vous concentrer sur plusieurs éléments à la fois), la musique ne vous sera pas du tout bénéfique ; au contraire, elle vous perturbera.

CLIN D'ŒIL EMPLOYÉ

S'il est important de bien s'entendre avec ses collègues, il est parfois difficile de se concentrer lorsque ceux-ci deviennent un peu trop envahissants. Comment réagir face à ces collaborateurs chronophages ? Apprenez à dire stop ! Il n'est pas impoli de signifier à votre collègue que vous avez une tâche importante à terminer et que vous n'avez pas le temps de discuter. Soyez diplomate et expliquez-lui calmement que vous avez besoin de vous concentrer.

TOP CONSEILS

- **Optimisez votre espace.** Rangez votre bureau ainsi que le plan de travail de votre ordinateur. Si vous devez boucler un dossier, enlevez tout objet de déconcentration de votre vue afin de vous focaliser sur une seule tâche.
- **Segmentez votre travail.** Si une mission vous paraît trop importante à effectuer, divisez-la en plusieurs sous-parties. Cela vous aidera à ne pas vous sentir submergé et améliorera votre efficacité. De plus, pensez à clôturer une tâche avant d'en commencer une nouvelle : vous engagez dans plusieurs activités à la fois est le meilleur moyen de n'en finir aucune. Ainsi, vous serez plus performant en passant deux heures sur un dossier plutôt que trente minutes sur quatre différents.

CLIN D'ŒIL EMPLOYÉ

Utilisez un codage couleur dans l'organisation de votre travail, cela vous aidera à y voir plus clair dans vos dossiers et à mieux mémoriser les informations. À l'écrit, utilisez des stylos de différentes couleurs, surlignez au fluo, ajoutez des mémos adhésifs de couleurs, etc. Sur votre ordinateur, jouez avec les différentes couleurs de texte, le gras, l'italique, etc., afin de souligner les points essentiels.

- **Offrez-vous une pause** dès que vous sentez votre concentration faiblir. Relâcher votre attention vous permettra de mieux vous reconcentrer après. Si vous effectuez une tâche qui demande une grande concentration, faites des pauses régulièrement afin de ne pas vous fatiguer trop rapidement.
- **Écrivez ce qui vous déconcentre sur un bout de papier.** Qu'il s'agisse de pensées personnelles ou d'éléments extérieurs, une fois évacués, ils ne pollueront plus votre esprit.
- **Consultez et répondez à vos e-mails à des heures précises** afin de ne pas être parasité constamment par votre messagerie. Selon une étude de l'ORSE (l'Observatoire sur la Responsabilité Sociétale des Entreprises), se reconcentrer après avoir été interrompu par un e-mail demanderait 64 secondes en moyenne.

- **Organisez votre temps de travail.** Réservez les tâches difficiles et les activités plus intenses pour le matin, entre 10 h et 12 h, et pour le milieu d'après-midi, vers 15 h (après la digestion), car ces périodes sont plus propices à la concentration.

- **Résistez à la tentation de l'ordinateur.** Certains métiers exigent l'utilisation d'Internet. Il devient alors parfois très difficile de rester concentré face aux trop grandes sources de distraction que ce dernier propose : réseaux sociaux, sites de vente en ligne, vidéos en streaming, etc. Pour limiter la présence d'éléments perturbateurs, conservez uniquement les onglets utiles pour votre travail ou fermez votre navigateur web si vous n'en avez pas besoin, et enfin, déconnectez-vous de votre boîte à lettres électronique personnelle et de vos éventuels comptes Facebook, Twitter, etc. Si votre mission ne requiert pas l'utilisation de l'ordinateur, éteignez-le afin d'éviter d'être tenté. Si votre travail exige de recourir aux réseaux sociaux, désactivez les notifications afin de ne pas recevoir des alertes qui ne feront que vous déranger. Enfin, sur votre plan de travail électronique, fermez les programmes dont vous n'avez pas besoin dans l'immédiat : moins vous aurez de fenêtres ouvertes, plus il vous sera facile de vous concentrer.

- **Pratiquez un sport**. Exercer une activité physique vous aidera à évacuer les mauvaises énergies et à vous défouler pour ensuite mieux vous recentrer sur votre travail intellectuel. L'équilibre entre le cerveau et le corps est primordial pour améliorer le bien-être. Le sport permet également de mieux dormir – le sommeil étant l'une des clés d'une concentration optimale.

> « Je pratique une activité sportive deux fois par semaine : le karaté et le tennis de table. Cela me permet d'apprendre à mieux maîtriser mes émotions et à travailler ma concentration puisque je dois focaliser mon attention sur mes mouvements pour le karaté et sur la balle pour le tennis de table. » (Suite du témoignage d'Albert)

Respirez !

Si vous sentez que votre concentration vous échappe, focalisez-vous sur votre respiration. Prenez une grande bouffée d'air en inspirant et faites le vide dans votre esprit à l'expiration. Vous pouvez effectuer différents exercices de respiration chez vous ou au bureau afin de vous détendre et de rester concentré : la respiration consciente –qui consiste à respirer sans s'arrêter entre l'inspiration et l'expiration –, la respiration abdominale ou la respiration en cohérence cardiaque – c'est-à-dire qui respecte un cycle de six inspirations/expirations par minute – par exemple.

- **Évitez la routine.** L'ennemi numéro un de la concentration est l'ennui. Pour y remédier, diversifiez vos tâches afin de casser votre train-train quotidien. La motivation joue un rôle prépondérant dans les processus d'attention et de concentration : elle facilite le démarrage d'une tâche et aide à résister aux distractions. À l'inverse, l'absence d'intérêt engendre une attitude hostile et un traitement superficiel de la tâche à accomplir. Si vous ressentez des difficultés pour vous motiver, utilisez la méthode de la carotte en vous accordant de petites récompenses à la fin de chaque mission.

- **Déterminez des objectifs précis.** Dressez une liste des travaux à effectuer, ainsi que le temps et le degré de concentration nécessaires à chacun. En établissant vos objectifs, votre cerveau saura où aller et vous serez donc plus apte à focaliser votre attention sur un point en particulier.

- **Variez les supports.** Travailler toute la journée sur un écran d'ordinateur peut être très fatigant. Lorsque vous sentez votre cerveau en surchauffe, passez à l'écrit afin de reposer vos yeux et votre esprit. En changeant de support, vous cassez la monotonie de votre tâche et gardez votre attention fixée sur le sujet.

- 33 -

FAQ

QUELS FACTEURS SONT À L'ORIGINE DE MON PROBLÈME DE CONCENTRATION ?

Plusieurs éléments peuvent être à l'origine de votre déconcentration. Si la société hyperactive et les technologies qui évoluent de plus en plus rapidement en sont en grande partie responsables, elles ne sont pas les seules : une alimentation malsaine, une mauvaise hygiène de vie, un manque de sommeil, le stress, une mauvaise respiration, un environnement inadapté, ou encore des problèmes personnels, peuvent également influencer votre capacité à vous concentrer. Afin de remédier à vos déficits de l'attention, notez sur une feuille ce qui vous perturbe pour en trouver le point de départ.

Cependant, les causes s'avèrent parfois plus complexes : dépression, burn out, anxiété généralisée, troubles de l'humeur ou du comportement, accumulation de stress, hyperthyroïdie, troubles oppositionnels, addictions (alcool, drogues), etc. Des troubles mentaux, tels que les troubles bipolaires ou les troubles obsessionnels compulsifs par exemple, peuvent également présenter des symptômes similaires au TDA/H. Pour cette raison, il est important de consulter un spécialiste de la santé dès que plusieurs symptômes du déficit de l'attention apparaissent.

QUELLES SONT LES CONSÉQUENCES DIRECTES D'UNE MAUVAISE CONCENTRATION AU TRAVAIL ?

Le manque d'attention et de concentration dans votre vie professionnelle peut vous porter préjudice. Tout d'abord, cela impacte directement votre travail et votre productivité : vous ne terminez pas les tâches dans les délais impartis ou bien cela vous prend deux fois plus de temps que prévu, vous retardant, vous et vos collègues. Cette situation peut entraîner une mauvaise ambiance sur votre lieu de travail et des relations conflictuelles avec vos collaborateurs et vos supérieurs. Enfin, les problèmes de concentration peuvent engendrer une mauvaise estime de soi, un manque de confiance, du stress, et dans les pires des cas, un burn out. Ne prenez donc pas cette question à la légère, car votre bien-être en dépend.

COMMENT SAVOIR SI JE SOUFFRE D'UN DÉSORDRE NEUROLOGIQUE OU SI J'AI DE SIMPLES PROBLÈMES DE CONCENTRATION ?

Si les pertes de concentration suite à une période stressante, fatigante ou à des soucis familiaux sont fréquentes, il est important de déceler si ce problème est temporaire ou provient d'un trouble plus important. Il existe différents signes annonciateurs d'un TDA/H, et plusieurs tests officiels permettent d'établir un premier diagnostic, qui devra être complété par celui d'un professionnel. Si le test d'auto-évaluation ci-dessous peut être considéré comme un point de départ afin d'identifier si vous souffrez des symptômes de ce trouble de l'attention, il ne remplace évidemment pas une consultation auprès d'un médecin.

Au cours des six derniers mois :	Jamais : 0	Rarement : 1	Parfois : 2	Souvent : 3	Très souvent: 4
Lorsque la réalisation d'une tâche requiert de la méthode, éprouvez-vous des difficultés à vous organiser ?					
Quand vous devez réaliser une tâche nécessitant de l'attention, avez-vous tendance à l'éviter ou à retarder sa mise en œuvre ?					
Êtes-vous facilement distrait par le bruit ou les activités qui vous entourent ?					
Vous arrive-t-il de quitter votre place en réunion ou dans d'autres situations alors que vous êtes censé rester assis ?					

Au cours des six derniers mois :	Jamais : 0	Rarement : 1	Parfois : 2	Souvent : 3	Très souvent: 4
Vous sentez-vous souvent nerveux, agité, impatient ? Avez-vous l'impression de ne pas tenir en place ?					
Ressentez-vous des difficultés à attendre votre tour, par exemple dans une file d'attente ?					

Si vous obtenez un score de 11 points ou plus, vos symptômes pourraient être compatibles avec un trouble d'hyperactivité avec déficit de l'attention. Consultez un professionnel de la santé afin de réaliser une évaluation plus approfondie.

« J'ai été diagnostiqué TDA/H pendant mon adolescence. De manière générale, je ne sais pas rester en place sur un long laps de temps. Je perds beaucoup de temps quand je travaille, donc au lieu de fournir une tâche complète sur une journée, je dois l'étaler sur plusieurs jours. » (Antoine, rédacteur)

QUELLES ATTITUDES ADOPTER AFIN D'AMÉLIORER MA CONCENTRATION SUR LE LONG TERME ?

Dès que vous constatez les premiers signes d'un déficit de l'attention, qu'ils soient passagers ou permanents, commencez par vérifier votre hygiène de vie : manger sainement et de façon équilibrée, dormir suffisamment, boire de l'eau et travailler sa respiration sont les bases d'une bonne concentration. Soyez certain que vous nourrir de chips en guise de repas et regarder des séries jusqu'au milieu de la nuit ne vous aidera pas à boucler votre dossier le lendemain : votre cerveau a besoin de vrai carburant et de repos pour rester performant. Ensuite, rangez votre espace de travail afin de n'avoir devant vous que les outils nécessaires à la réalisation de votre tâche. Votre bureau reflète votre esprit : plus il sera ordonné, moins vous serez perturbé par des pensées parasites. Enfin, des exercices physiques quotidiens peuvent vous aider à contrôler et à améliorer votre capacité d'attention progressivement. Retrouvez-les dans la rubrique <u>À vous de jouer</u>.

<u>Des chiffres pour démarrer la journée</u>

Récitez vos tables de multiplication dans votre tête avant de démarrer votre travail. Cette méthode réveillera votre concentration et conditionnera votre cerveau pour la suite de la journée. Pratiquer des sudokus est une autre manière d'améliorer sa concentration par les chiffres. Ces jeux de chiffres japonais permettent en effet d'optimiser sa capacité de planification.

PUIS-JE TRAITER MES PROBLÈMES D'ATTENTION GRÂCE À LA MÉDICATION ?

Si vous souffrez réellement d'un désordre neurologique, déterminez avec votre médecin ou votre psychiatre un traitement médicamenteux. En revanche, si votre déficit de l'attention est dû à de l'anxiété, à un burn out, à une dépression ou à un autre facteur similaire, votre cas ne nécessite pas nécessairement une prise de médicaments – veillez donc à consulter un médecin afin de décider de vos soins. Au-delà de ces situations, certains compléments alimentaires, plus naturels, tels que l'OM3 Memory qui contient des oméga-3, des extraits de plantes comme le ginkgo biloba ou le curcuma peuvent vous aider. Cependant, ne prenez jamais de compléments sans avis médical, car ils peuvent provoquer des effets secondaires ou être contre-indiqués dans certains cas. Interrogez un spécialiste afin d'opter pour le complément le plus adapté à vos besoins.

LA MUSIQUE PEUT-ELLE M'AIDER À ME CONCENTRER ?

Selon les individus, la musique joue un rôle différent : elle peut aider à se concentrer ou, au contraire, favoriser la perte d'attention. Certaines personnes éprouveront des difficultés à réaliser leur travail avec un fond sonore tandis que d'autres en tireront une meilleure concentration. Selon le style choisi, la musique peut stimuler la créativité, diminuer le stress et améliorer les capacités cognitives (attention et mémoire). Elle peut vous aider à créer votre bulle de travail et vous couper des bruits environnants. Attention cependant à votre choix musical : les chansons familières détourneront votre vigilance, les morceaux rapides pourront augmenter votre stress, tandis que les chansons calmes vous seront bénéfiques.

À VOUS DE JOUER !

LES JEUX D'ATTENTION SÉLECTIVE VISUELLE

Plusieurs exercices faciles à réaliser dans le train, chez vous, avant d'aller dormir, ou pendant votre repas vous aideront à améliorer votre attention sélective visuelle, c'est-à-dire à porter votre attention sur un seul sujet ou une seule action. Le jeu des mots mêlés par exemple, ou celui des mots croisés exerce votre esprit à isoler les mots dans un entremêlement de lettres. Le même principe est à l'œuvre dans le célèbre jeu « Où est Charlie ? ». D'autres jeux basés sur ce même système du balayage visuel peuvent également servir à améliorer votre attention sélective visuelle. Pensez aussi à augmenter la difficulté progressivement.

LA FICHE DE DISPERSION

Cet exercice consiste à s'autocontrôler, à s'empêcher de se laisser distraire par des signaux extérieurs. À chaque fois que vous perdez votre concentration sur votre lieu de travail – ou chez vous si vous êtes en télétravail –, ajoutez un trait sur une feuille à la date du jour. Comptez le nombre de lignes tracées à la fin de chaque journée. Challengez-vous au quotidien et au bout d'une semaine, vous constaterez que le nombre de traits diminue.

LE CYCLE DE SENSATIONS POSITIVES

De la même manière que la fiche de dispersion, le « cycle de sensations positives » consiste à féliciter votre cerveau chaque fois qu'il observe une amélioration de la concentration. Le but est donc de démarrer doucement, de vous concentrer durant un court laps de temps, quelques minutes par exemple. Si vous avez tenu le temps défini, récompensez-vous. Jetez un œil à vos e-mails, faites une mini pause, surfez sur votre compte Facebook, etc. Répétez l'opération chaque jour en allongeant le progressivement le temps de concentration.

DÉVELOPPEZ VOTRE ATTENTION DIVISÉE

Pour apprendre à vous concentrer sur plusieurs tâches en même temps, compétence extrêmement valorisée dans le monde du travail, entraînez-vous. Par exemple, effectuez un exercice de mots croisés tout en écoutant la radio. Privilégiez les programmes parlés (le JT par exemple) plutôt qu'une émission musicale. Cela vous aidera à vous concentrer dans un environnement de travail bruyant ou à effectuer simultanément une tâche automatisée et une autre plus complexe.

Votre avis nous intéresse !
Laissez un commentaire sur le site de votre
librairie en ligne et partagez vos coups de cœur sur
les réseaux sociaux !

POUR ALLER PLUS LOIN

SOURCES BIBLIOGRAPHIQUES

- « 8 troubles à ne pas confondre avec le TDAH », in *Psychomédia*, consulté le 27 août 2015. http://www.psychomedia.qc.ca/deficit-attention-hyperactivite/2014-09-28/diagnostic-differentiel-dsm-5

- « Améliorer sa concentration », in *Coaching. comprendrechoisir*, consulté le 27 août 2015. http://coaching.comprendrechoisir.com/comprendre/ameliorer-sa-concentration

- CANEVET (Frédéric), « 9 astuces pour améliorer sa concentration », in *ConseilsMarketing*, consulté le 27 août 2015. http://www.conseilsmarketing.com/techniques-de-ventes/9-astuces-pour-ameliorer-sa-concentration

- « Diagnostic adulte », in *TDA/H Belgique*, consulté le 27 août 2015. http://www.tdah.be/tdah/tdah/adultes/diagnostic

- HALLOWELL (Edward M.) et RATEY (John J.), « 50 trucs de gestion du déficit de l'attention », in *Hypers supers TDAH France*, consulté le 7 septembre 2015. http://www.tdah-france.fr/50-trucs-de-gestion-du-deficit-d.html

- JAMES (William), *The Principles of Psychology*, New York, Dover Publications, 1890.

- LAUFER (Danièle), « Comment booster sa concentration ? », in *Magazine Avantages*, consulté le 27 août 2015. http://www.magazine-avantages.fr/,comment-booster-sa-concentration,2 300 098,228.asp

- LEBOUCHER (Séverine), « Améliorer sa concentration », in *Journaldunet*, septembre 2008, consulté le 27 août 2015. http://www.journaldunet.com/management/efficacite-personnelle/conseil/ameliorer-sa-concentration/ameliorer-sa-concentration.shtml

- « Musique : la fréquence bien-être », in *Psychologies*, février 2013, consulté le 6 octobre 2015. http://www.psychologies.com/Culture/Savoirs/Musique/Articles-et-dossiers/Musique-la-frequence-bien-etre

- NIDEFFER (Robert M.), « Test of Attentional and Interpersonal Style » in *Journal of Personality and Social Psychology*, n° 34, 1976, p. 394-404.

- ORLICK (Terry), *Embracing Your Potential*, Ottawa, Human Kinetics, 1998.

- ROLAND (Olivier), « L'esprit zen : comment augmenter sa concentration », in *Habitudes Zen*, consulté le 27 août 2015.
http://www.habitudes-zen.fr/2013/les-prit-zen-comment-augmenter-sa-concentration/

- RUPELLE (Géraldine de la) et FATOUX (François), *Pour un meilleur usage de la messagerie électronique dans les entreprises*, Paris, ORSE, octobre 2011.
http://www.orse.org/maj/upload/actualite/actualite_32.pdf

- SÈVE (Marie-Madeleine), « Neuf exercices pour améliorer sa concentration au travail », in *L'Express*, consulté le 27 août 2015.
http://lentreprise.lexpress.fr/rh-management/efficacite-personnelle/neuf-exercices-pour-ame-liorer-sa-concentration-au-travail_1521390.html

- VERNIER (Philippe), « Comment notre cerveau fait le tri entre utile et inutile pour nous permettre d'agir et de penser », in *Atlantico*, août 2015, consulté le 27 août 2015.
http://www.atlantico.fr/decryptage/comment-notre-cerveau-fait-tri-entre-utile-et-inutile-pour-permettre-agir-et-penser-philippe-vernier-2294697.html

- VERTANESSIAN (Florence), « SOS concentration : comment apprendre à reconstruire sa capacité d'attention », in *Atlantico*, décembre 2013, consulté le 27 août 2015.
  http://www.atlantico.fr/decryptage/sos-concentration-comment-apprendre-reconstruire-capacite-attention-florence-vertanessian-914265.html

- WALKER (Linda), « Les signes et symptômes du TDAH chez l'adulte », in *TDAH Adulte*, consulté le 27 août 2015.
  http://www.tdahadulte.com/deficit-d-attention-adulte/symptomes-tdah-adulte/

SOURCES COMPLÉMENTAIRES

- FREUD (Michèle), *Réconcilier l'âme et le corps. 40 exercices faciles de sophrologie*, Paris, Albin Michel, 2007.

- LEGALLE (Steve), *Stratégies de concentration au travail. Procédé innovant développé par un sportif de haut-niveau*, Lyon, Éditions Baudelaire, 2014.

- Portail de l'ASBL TDA/H en Belgique
  www.tdah.be/tdah